Holunderzeit

BRIGITTA KLAUSHOFER

Holunderzeit

Was alles im Holler steckt

Servus
DAS GROSSE KLEINE BUCH 44

Inhalt

Holunder – ein Zauberbaum

Rinde, Beere, Blatt und Blüte,
jeder Teil ist Kraft und Güte,
jeder segensvoll.
(alte Bauernregel)

Geschichte und Geschichten rund um den Holunder

Der Holunder, auch Holler genannt, spielte schon seit jeher eine wichtige Rolle in der Heilkunde. Man vermutet, dass er bereits den Steinzeitmenschen bekannt war. Auch antike Gelehrte wie Hippokrates, Plinius der Ältere und Dioskurides schätzten die Heilkraft des Holunders. Hippokrates empfahl den Holunder bei Verstopfung, Wassersucht und Frauenleiden. Für diese Beschwerden wird der Holunder auch heute noch traditionell verwendet.

Schwarz-weiß, wie die Hollerblüten und -beeren, sind auch die vielen Mythen und Geschichten, die sich um den Holunder ranken. Die Germanen sahen im Holunder den Sitz der großen Urmutter- und Schutzgöttin Holda/Holla und verehrten den Baum als heilig. Von dem Namen dieser Göttin leitet sich wohl auch der Name des Holunders/Hollers ab. Sehr wahrscheinlich geht auch das Märchen von „Frau

Holle“ auf diese germanische Vorstellung zurück, wobei die weißen Hollerblüten den Schnee und die dunklen Beeren das Pech symbolisieren könnten.

Als Kinder hatten wir einige Spiele und Lieder, die mit Frau Holle und dem Holunderstrauch zu tun hatten. Bestimmt kennen viele den Kinderreigen, bei dem sich alle an den Händen halten und den folgenden Reim singen:

Ringel, Ringel, Reier
Samma unser Dreier
Sitz'ma unter'm Hollerbusch
Sog'ma olle Husch, Husch, Husch!

Der Kinderreigen könnte auf einen Kulttanz die Göttin Holla zurückgehen. Mit den „Drei“ sind wohl die „drei Bethen“ oder die „heiligen drei Madl“ gemeint, die als Repräsentanten der Urmutter, der Frau Holle, galten.

Dem Volksglauben nach sollen im Holunder gute Hausgeister wohnen und das Haus und seine Bewohner vor Unglück bewahren. Daher durfte man den Holunder auch weder beschneiden noch fällen, da man sonst den guten Geistern ihre Wohnstätte nahm. War ein Fällen des Holunderbaums unumgänglich, so musste man ihn vorher um Verzeihung bitten. Bei

Missachtung dieser Regel musste man mit Krankheit oder gar dem Tod rechnen. Nur Witwen und Waisen durften dem Volksglauben nach ungestraft Holunderholz schneiden, denn sie hatten vom Leben sowieso nicht mehr viel zu erwarten.

So groß war einst die Hochachtung vor diesem Strauch, dass im Mittelalter die Männer vor diesem Strauch ihren Hut abnahmen, getreu dem Sprichwort „Hut vor dem Holunder ziehen". Und auch die Frauen machten einen Knicks vor diesem Strauch. Unter den Hollerbaum wurde auch immer wieder einmal ein Schälchen mit Milch, Brei oder Brot gestellt.

Es gab noch viele andere Bräuche, die mit dem Holunder zu tun hatten. Der Holler galt als Lebensbaum, aber gleichzeitig auch als Totenbaum, der den Menschen auf seinem Lebensweg begleitete. Und so wurde das Maß für den Sarg zum Beispiel auch mit einem Holunderstock genommen oder man bettete Verstorbene auf Holunderreisig.

Im Zuge der Christianisierung gerieten die heidnischen Riten in Verruf und so verwundert es nicht, dass man den einst heiligen Baum nun als Baum des Teufels sah. Selbst die große Heilkundige Hildegard von Bingen meinte, dass sich der Holunder kaum zur Behandlung von Menschen eigne. Andere Heilkundige des Mittelalters hatten weniger theologische Bedenken

und priesen den Holunder wegen seiner großen Heilwirkung. Zu ihnen zählte unter anderem Thomas von Aquin, Otto Brunnfels, Hieronymus Bock und Paracelsus. Auch die Kräuterkundigen der Neuzeit wie Sebastian Kneipp oder Maria Treben waren von der Heilwirkung des Holunders überzeugt. Als ich ein Kind war, ist der Holunder im Herbst fast täglich in irgendeiner Form auf den Tisch gekommen. Meine Oma kannte viele Holler-Rezepte. Da man früher nicht alles hatte und sich auch nicht so viel leisten konnte, war man froh, diesen weitverbreiteten Baum zu kennen und seine herrlichen Früchte zu ernten. Da man die Beeren auch gut einkochen konnte, hatte man einiges für die kalten Wintermonate auf Vorrat.

Meine Oma nutzte den Holler aber nicht nur als Nahrungs-, sondern auch als Heilmittel. Einige Zeit lang ist die Heilwirkung des Holunders in Vergessenheit geraten, doch nun lebt die Anwendung des heilkräftigen Strauches wieder auf. Auch ich habe den Holler lange nicht verwendet. Erst als ich selbst Kinder bekam, erinnerte ich mich wieder an die Rezepte und Anwendungen von meiner Oma. Heute ist der Holunder aus unserem Speisenplan, als Heilmittel und für das seelische Wohlbefinden nicht mehr wegzudenken. Als wir unseren Hof renovierten, mussten leider einige Hollersträucher weichen, aber als Dank dafür setzten wir rund ums Haus wieder zahlreiche neue Sträucher ein.

Von der Heilwirkung des Holunders

Den Holunder kann man vielfältig anwenden. So gut wie alle Pflanzenteile sind in der Naturheilkunde verwendbar: Wurzel, Rinde, Blätter, Beeren, Holunderpilz und Blüten. Man bezeichnete den Holler daher lange auch als „lebende Hausapotheke des armen Mannes" oder als „Unseres lieben Hergott's Apotheke". Die Beeren sind ausgesprochen reich an Vitaminen, Mineralstoffen, Frucht- und Folsäuren, Gerb- und Bitterstoffen. Sie enthalten zudem wertvolle ätherische Öle und sekundäre Pflanzenwirkstoffe wie zum Beispiel den violetten Farbstoff Sambicyanin. Die Beeren wurden daher früher auch zum Färben von Leder und Haaren ver-

wendet. Die Beeren wirken antibakteriell, entzündungshemmend und schleimlösend. Sie sollten aber nur in gekochtem Zustand genossen werden, denn roh enthalten sie Giftstoffe, die Brechreiz und Verdauungsstörungen auslösen können. Eine ähnliche Wirkung ist beim Verzehr der Samen des Traubenholunders zu erwarten.

Der Holunder wirkt aber nicht nur auf körperlicher Ebene, sondern auch auf seelischer Ebene. Auch Pater Johannes Pausch lobt die ganzheitliche Kraft des Holunders. Er sagt: „Holunder ist eine Blüte der Jugend und des Alters. Menschen, die Mühe haben, sich in der Jugend aufzurichten, und Menschen, die unter dem Gebeugtsein des Alters leiden, finden Hilfe in der Kraft der Holunderblüte. Der Holunderbaum zeigt sich als weibliche Schutzkraft im Wandel von Jugendzeit, Erwachsensein, Reifen und Vergehen. Auch das Märchen von Frau Holle ist eine Entwicklungsgeschichte. Symbolhaft bietet Frau Holle Schutz und unterstützt beim Reifungsprozess."[1] Die Essenz der Hollerblüte wirkt stimmungsaufhellend und stärkend. Sie eignet sich daher für Menschen, die ihre Lebensfreude verloren haben und die von Schwermut geplagt sind.

[1] Pausch, Johannes: Meine Heilkräutermandalas. Heimische Heilpflanzen und ihre ganzheitliche Wirkung. Salzburg: Servus Verlag bei Benevento Publishing, 2014, S. 112

Sonstige Verwendung des Holunders

Man nutzte früher nicht nur die Früchte und die Blätter des Holunders. Auch die Zweige fanden in früheren Zeiten Verwendung als primitive Blasinstrumente, den Hollerpfeiferln. Dazu löste man das innere, weiche Mark heraus und bohrte in die Rinde Löcher. Heute noch basteln Väter mit ihren Kindern die sogenannten Maipfeiferl.

Den Holunder verwendet man auch zum Räuchern. Dazu nimmt man vor allem die getrockneten Blüten oder das weiße Mark vom geschnittenen Holz. Man kann sich auch seine eigene Räuchermischung herstellen und den Holunder mit anderen Pflanzen oder Harzen mischen, wie zum Beispiel mit Fichtenharz oder Wacholder.

Die Wirkung beim Räuchern:

- Mit der Kraft des Holunders erkennen wir den richtigen Zeitpunkt.
- Mit der Kraft des Holunders finden wir unsere Lebensaufgabe.
- Die Kraft des Holunders schützt uns.
- Die Kraft des Holunders unterstützt uns bei Heilungsprozessen.
- Die Kraft des Holunders fördert den Kontakt zu unseren Vorfahren und Wesen aus einer anderen Welt.

Botanisches zum Holunder

Der botanische Name des Holunders lautet Sambucus. Die Gattung Sambucus hat weltweit etwa zehn Arten. Sie sind von den gemäßigten Zonen der Nord- bis zu den tropischen Zonen der Südhalbkugel verbreitet. In Mitteleuropa sind drei Holunderarten beheimatet: der Schwarze Holunder (Sambucus nigra), der Rote Holunder (Sambucus racemosa), auch Traubenholunder genannt, sowie der Zwergholunder (Sambucus ebulus). Am bekanntesten ist der Schwarze Holunder, der häufig bei menschlichen Siedlungen anzutreffen ist und sich hier bisweilen sogar zu einem strauchartigen „Unkraut“ entwickelte. Vorsicht vor dem Zwergholunder,

denn dieser ist giftig! In unserem Kräutergarten wachsen auch einige Zuchtholunder. Sie verschönern mit ihren Blüten, ihrem Laub und den Früchten unseren Garten das ganze Jahr. Fast in jeder gut sortierten Baumschule gibt es Zuchtholunder in großer Auswahl. Die Beeren des Zuchtholunders kann man genauso verwenden wie die des Schwarzen Holunders.

Der Schwarze Holunder zählt, wie alle Holunderarten, zur Familie der Moschuskrautgewächse und wächst im Laufe der Zeit von einem Strauch zu einem kleinen Baum heran. Gut erkennbar ist der Schwarze Holunder an dem krummen Stamm mit einer oft rissigen Rinde. Er kann bis zu über zehn Meter hoch werden und steht am besten vor einer Hausmauer, die die Sonnenwärme speichert. Die Ränder der Blätter sind tief gezackt, die Blätter an sich sind dunkelgrün gefärbt. Von Mai bis Ende Juni blüht der Holunder. Aus den vielen duftenden Blütensternchen entwickeln sich später die tiefroten, manchmal sogar schwarzen Beeren.

Vorbereitungstechniken und Sammeln

Die Sammelzeiten für die verschiedenen Teile des Holunders sind unterschiedlich und können auch von Region zu Region variieren.

Die Blüten: Mai bis Juni
Die Blätter: Mai bis Juni
Die Beeren: August bis Oktober
Die Rinde: Februar bis März und Oktober bis November
Die Wurzel: Februar bis März und Oktober bis November

Die **Blüten** werden in ganzen Dolden gesammelt. Man legt diese zum Trocknen auf eine saubere Unterlage und stellt sie an einen luftigen, schattigen Ort. Oder man gibt sie in einen Dörrapparat, sofern ein solcher vorhanden ist. Auch die Restwärme von einem Brotbackofen kann man zum Trocknen der Blüten ausnutzen. Aber Vorsicht, er darf nicht mehr als 40 Grad Celsius haben. Erst wenn die Blüten gut getrocknet sind, sollte man sie von den Dolden abreiben und sie anschließend trocken und lichtgeschützt aufbewahren.

Die **Blätter** sammelt man, solange sie noch gut im Saft sind. Sie können dann frisch für Salben verwendet werden oder man trocknet sie für eine spätere Verwendung. Sie werden genauso getrocknet wie die Blüten.

Die **Beeren** pflückt man am besten einzeln ab, da nicht alle Beeren gleichzeitig reif werden. Vorsicht beim Pflücken, denn die Beeren machen große dunkle Flecken. Die Beeren sollten sofort nach dem Ernten verarbeitet werden, da sie sehr schnell zu schimmeln beginnen. Sie lassen sich auch gut einfrieren, wenn man nicht sofort die nötige Zeit hat, die Beeren zu verarbeiten.

Die **Rinde** schabt man von den jungen, aber schon verholzten Zweigen. Die Rindenstückchen trocknet man wie die Blüten.

Bei der Ernte der **Wurzel** sollte man sehr vorsichtig arbeiten und nur kleine, zarte Wurzeln ernten, da sonst der Baum sterben kann. Die Wurzel wird entweder mit Wasser abgewaschen oder man reinigt sie mit einer Bürste. Danach wird sie in Stücke geschnitten und getrocknet.

Holunder-Rezepte zum Gesundwerden und -bleiben

Holunder-Hausmittel bei Erkältungskrankheiten

Holunderblütentee

2 gehäufte Teelöffel getrocknete Blüten mit ¼ Liter kochendem Wasser übergießen, zugedeckt 5 Minuten ziehen lassen und abseihen. Mehrmals täglich 1 bis 2 Tassen frisch zubereiteten Tee so heiß wie möglich trinken.

Holunder-Grippetee

1 gehäuften Teelöffel getrocknete Holunderblüten, Zitronenmelisse, Lindenblüten, Zitronen- und Orangenscheiben mit kochendem Wasser übergießen und circa 5 Minuten ziehen lassen, anschließend abseihen. Dreimal täglich 1 Tasse trinken.

Tee aus Holunderbeeren

10 g getrocknete Beeren mit heißem Wasser ansetzen und ein paar Minuten ziehen lassen. Danach kurz aufkochen lassen und nach 5 bis 10 Minuten abseihen. Noch heiß trinken.

Heißer Holunderbeersaft

Er lindert Erkältungskrankheiten, Bronchitis und Husten. Holundersaft erwärmen und heiß trinken. Man kann den Saft auch mit heißem Wasser verdünnen.

Holunderblüten-Ohrtuch

Wirksam bei Ohrenschmerzen ist ein mit Holunderblüten gefülltes Taschentuch. Nehmen Sie dazu ein Tuch, falten es auf die richtige Größe und füllen Sie getrocknete Holunderblüten ein. Schlagen Sie das Tuch zusammen und wärmen Sie es entweder auf dem Kachelofen oder im Rohr. Legen Sie es warm auf das betreffende Ohr auf.

Holunderblütensud zur Inhalation

15 g Blüten mit 1 Liter heißem Wasser übergießen und 10 Minuten lang ziehen lassen. Ein großes Handtuch über den Kopf hängen und den Dampf inhalieren. Vorsicht vor Verbrennungen!

Holunderblütensud als Badezusatz

Eine Handvoll frischer Blüten in wenig Wasser 30 Minuten abkochen, danach abseihen und den Sud dem Badewasser beigeben. 10 Minuten lang darin baden.

Holunderblütensirup

Er stärkt die Abwehrkräfte und lindert Erkältungssymptome und eignet sich zur Vorbeugung von Erkältungskrankheiten im Herbst. Gießen Sie dazu Holunderblütensirup mit heißem Wasser auf. Sie können auch noch den Saft von unbehandelten Zitronen dazugeben. Täglich mehrere Tassen trinken.

Eingedickter Holunderblütensirup, auch „Holunderhonig" genannt

Er hilft bei Husten und Heiserkeit. Holunderblütensirup solange einkochen lassen, bis er eingedickt ist. Pur nach Belieben einnehmen.

Sonstige Holunder-Hausmittel

Holundertee aus Blättern, Blüten und Wurzeln

Er wirkt harntreibend und hat die Fähigkeit, Ausscheidungen zu fördern. Der Tee wird daher bei Rheuma, Gicht und manchen Hautkrankheiten eingesetzt. Er soll auch bei Ischias und Neuralgien helfen. Vorsicht! Wurzel nur nach Absprache mit einem Apotheker einnehmen!

Tee aus getrockneten Holunderblüten

Er hilft bei Verstopfung und Nervosität. 1 Teelöffel Blüten mit 1 Tasse Wasser aufkochen und 5 Minuten ziehen lassen, abseihen und noch heiß trinken.

Holleressig

Er wirkt stoffwechselanregend, stärkt die Abwehrkräfte und hilft bei Fieber und Erkältungen. Für den Essig werden Holunderblüten in Apfelessig angesetzt. Den Holleressig mit heißem Wasser aufgießen und je nach Geschmack mit Honig süßen und Zitronensaft hinzugeben. Man kann auch Essigwickel machen. Dazu tränkt man ein Tuch mit dem Holunderessig und wickelt es um die Waden.

Holundermus

Ein Holundermus lindert Halsschmerzen und hilft bei Erschöpfungszuständen und Abwehrschwäche. Zur Zubereitung siehe „Hollerröster" auf Seite 49.

Holunderblütentee - kalt

Bei überstrapazierten Augen nach zu viel Computerarbeit hilft ein kalter Tee aus Holunderblüten. Legen Sie dazu einfach einen mit dem Tee getränkten Wattebausch auf jedes Auge auf.

Holunderblütenöl

Es wirkt entzündungshemmend, abschwellend und beruhigt die Haut. Deshalb wird es gerne zur Behandlung von empfindlicher oder gereizter Haut eingesetzt und eignet sich gut zur Pflege nach einem Sonnenbrand. Das Öl findet auch Verwendung als Massageöl oder als Körperpflegeöl. Auch bei Gelenkschmerzen soll das pur aufgetragene Öl entzündliche Prozesse stoppen und abschwellen lassen.

Getrocknete Holunderblüten in Sonnenblumenöl ansetzen. Die Blüten müssen zur Gänze mit Öl bedeckt sein. Das Öl drei bis vier Wochen an einem warmen Ort stehen lassen, danach abseihen und in dunkle Flaschen füllen.

Holunderblütensalbe

Sie wirkt wie das Holunderblütenöl lindernd bei unreiner, reizbarer und trockener Haut.

15 g Bienenwachs im Wasserbad erwärmen, 100 ml Holunderblütenöl hinzufügen und gut mit dem flüssigen Wachs verrühren. Sobald eine gleichmäßige, klare Fettschmelze entstanden ist, vom Herd nehmen, die Salbe kalt rühren und abfüllen.

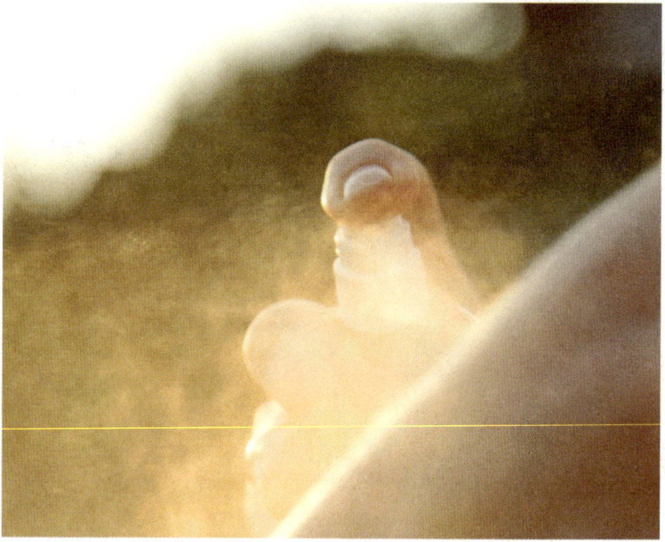

Holundereinreibe

Für diesen erfrischenden Kräutermix werden Holunderblüten, Blätter sowie Rinde in Alkohol angesetzt. Den Ansatz drei bis vier Wochen ziehen lassen, danach die Einreibe abseihen und in Sprühflaschen füllen. Das Spray kann man vor bzw. nach dem Wandern auftragen, hilft bei müden Beinen und nach Insektenstichen. Wenn Landwirte ihr Rind damit besprühen, ist mit weniger Fliegenbefall zu rechnen.

Holunderblätter

Sie helfen bei Frostbeulen oder auch bei Verbrennungen. Man legt sie frisch geerntet einfach auf die betroffenen Stellen auf.

Holunderblätterkompresse

Als Kompresse wirken Holunderblätter bei Prellungen und anderen stumpfen Verletzungen sowie bei rheumatischen Erkrankungen. Eine Holunderblätter-Kompresse lindert auch den Juckreiz und die Schwellungen bei Insektenstichen. Holunderblätter mit einem Nudelholz walken oder mit der Hand solange zusammendrücken, bis der Saft austritt. Die weichen Blätter auf die betroffenen Stellen auflegen und mit einem Tuch oder einer Mullbinde befestigen.

Holunderrinde

Laut Volksglauben dient die Rinde, die man von oben nach unten schabt, als Abführmittel. Die Rinde, die man von unten nach oben schabt, soll als Brechmittel wirken.

Holunderkissen

Das Holunderkissen fördert einen guten Schlaf und belebt das Raumklima. Dazu je nach Wunsch einen alten Polsterüberzug mit Heu, getrockneten Holunderblüten und anderen Kräutern füllen.

Holunderwurzel zur Behandlung von Diabetes

2 Esslöffel gehackte Wurzel mit 1 Tasse kochendem Wasser übergießen und 30 Minuten auf einem Wasserbad kochen.

10 Minuten ziehen lassen. Danach filtern und so viel gekochtes Wasser auffüllen, bis die ursprüngliche Menge wieder erreicht ist. Man trinkt 1/3 Tasse dreimal am Tag.

Holunderwurzel bei Erkrankungen der Nieren und der Blase

20 g gehackte Wurzel mit 100 ml Alkohol ansetzen. Den Ansatz acht Tage an einem dunklen Ort ziehen lassen, gelegentlich schütteln, danach filtern. Man nimmt 15 Tropfen dreimal am Tag.

Holunderwurzel zur Behandlung von Rheuma, Gicht und Fettleibigkeit

Die gleiche Menge von den Blättern und Wurzeln des Holunders mit einem Liter kochendem Wasser übergießen. Zwei Stunden ziehen lassen, danach filtern. Den Sud zum Badewasser mit einer Temperatur von 35 bis 37 Grad hinzugeben. Man nimmt ein Bad von circa 15 Minuten Dauer alle 10 bis 12 Tage vor dem Schlafengehen.

Exkurs: Das Judasohr

Auf indirekte Art und Weise wirkt der Schwarzen Holunder durch das Judasohr, einem weit verbreiteten Speisepilz, der in Mitteleuropa fast ausschließlich auf alten Holunderbäumen wächst. Die Hauptsammelzeit des Pilzes, der auch roh genießbar ist, fällt ins Frühjahr. Er ist insbesondere in der chinesischen Küche und Volksmedizin sehr beliebt. Bestimmt hat das Judasohr schon jeder einmal in einem chinesischen Gericht gegessen. Dass wir dabei unserer Gesundheit etwas ausgesprochen Gutes tun, wissen nur wenige. Man sagt der Heilkraft des Pilzes nach, dass er die Fließeigenschaften des Blutes verbessere und er sich positiv auf den Blutfettgehalt auswirke. Der Pilz soll bösartige Geschwülste des Bindegewebes am Wachstum hindern und das Immunsystem stabilisieren. Gleichzeitig wirkt er entzündungshemmend und stärkend.

Wichtiger Hinweis:

Alle angeführten möglichen Heilwirkungen der Pflanzen und Zubereitungen sind nicht als ärztliche Handlungsempfehlungen zu verstehen und ersetzen keinesfalls die fachliche Beratung durch einen Arzt oder Apotheker.

Holunder-Rezepte zum Genießen

Holunderbeerenlikör/ Holunderblütenlikör

1 kg Hollerbeeren oder -blüten · ½ kg Zucker
1 l Zwetschgenschnaps · 1 Zimtstange · Nelken

Alle Zutaten zusammen ansetzen und stehen lassen. Nach einer Woche den Zimt und die Nelken entfernen. Nach insgesamt drei Wochen den Likör abseihen und in Flaschen abfüllen.

Holunderblütensirup

30 Holunderblüten · 50 g Zitronensäure
½ unbehandelte Zitrone · 2 kg Zucker · 3,5 l Wasser

Blüten mit Wasser, Zitronensäure und -scheiben ansetzen, über Nacht stehen lassen. Am nächsten Tag abseihen, Zucker hinzugeben und leicht erwärmen, in saubere Flaschen abfüllen.

Holunderbeerensaft

2 kg Holunderbeeren · 1,5 l Wasser
1 Zimtstange · etwas Zitronensaft · 1 kg Zucker

Holunderbeeren im Wasser ungefähr eine Stunde weichkochen und dann durch ein Tuch drücken. Den Saft mit der Zimtstange, Zitronensaft und dem Zucker noch einmal circa 10 Minuten kochen. Dann heiß in Flaschen abfüllen.

Hollersuppe

1 Apfel · 200 ml Gemüsebrühe · 2 EL Holunderbeeren
2 EL Holunderblütensirup · 1 Stück Ingwerwurzel · 1 Schuss Olivenöl
Pfeffer, Salz, Chillipulver · 1 Zwiebel · 100 g rohe Rote Bete

Die Rote Bete in kleine Würfel schneiden, am besten mit Einweghandschuhen, da sie leicht abfärbt. Den Ingwer schälen und wie den Apfel und die Zwiebel fein würfeln. Den Ingwer und die Zwiebel in Olivenöl glasig andünsten, dann die Rote Bete, Holunderbeeren und die Apfelwürfel hinzufügen. Alles mit Gemüsebrühe ablöschen. Die Suppe zugedeckt circa 10 Minuten dünsten lassen, danach mit einem Stabmixer pürieren. Zum Schluss mit Salz, Pfeffer, Chillipulver und Holundersirup abschmecken.

Hollerblütendressing für sommerliche Salate

120 g Holunderblütenöl · 120 g Holunderblütenessig
240 g Holundersirup, eventuell mit Wasser mischen
etwas Senf · Salz · Pfeffer

Alle Zutaten in ein hohes Gefäß geben, mit dem Stabmixer gut aufschäumen und in eine saubere Flasche abfüllen. Das Dressing reicht für mehrere Portionen und ist im Kühlschrank circa eine Woche haltbar. Vor Verwendung gut schütteln. Passt hervorragend zu allen Blattsalaten.

Holunderblütenessig

3-5 Blütendolden · 1 Flasche Essig

Geben Sie die Blüten in ein großes verschließbares Gefäß und fügen Sie dann den Essig hinzu. Das Gefäß verschließen und einen Monat stehen lassen, sodass das Aroma auf den Essig übergeht. Nach einem Monat abseihen und in eine Flasche umfüllen.

Holler-Buttermilcheis

400 ml Hollersirup von Blüten oder Beeren
500 ml Buttermilch · 500 ml Obers

Alle Zutaten über Nacht in den Kühlschrank geben, Sirup und Buttermilch gut verrühren. Das Obers schlagen und unter die restlichen Zutaten heben. Alles in eine Eismaschine füllen und je nach Vorgabe circa 30 Minuten durchrühren.

Holunder-Joghurt-Sahne-Torte

1 Biskuitboden · 1 Becher Schlagobers · 1 Becher Joghurt
½ Becher Rahm · 7 dag Zucker · Gelatine laut Packungsanweisung
Rum · Zitronensaft · Holunderlikör · Holundermarmelade

Gelatine 10 Minuten in kaltem Wasser einweichen, dann mit Rum, Zitronensaft und Holunderlikör leicht erwärmen. Das Obers steif schlagen, mit Joghurt und Rahm mischen, den Zucker und die Holundermarmelade unterheben, zuletzt die abgekühlte Gelatine unter die Masse heben.

Den Biskuitboden halbieren, mit Holunderschnaps tränken, die Creme einfüllen und kühl stellen. Zum Schluss den zweiten Tortenboden darauf setzen und mit Obers verzieren.

Topfennockerl mit Holunderröster

ZUTATEN FÜR DIE NOCKERL
50 g Butter · 2 Eier · 40 g Grieß · ½ kg Topfen · 90 g Sauerrahm

Butter und Eier schaumig rühren, sämtliche Zutaten beimengen und etwas rasten lassen. Danach Nockerl formen und in siedendem Wasser kochen.

ZUTATEN FÜR DEN HOLLERRÖSTER
750 g Holunderbeeren · 1 Apfel · 1 Birne
1 Zimtstange · 1 Nelke · 2-4 EL Zucker
2 TL Vanillepuddingpulver · etwas Wasser · Zitronensaft

Holunderbeeren von den Stielen befreien, mit Äpfel- und Birnenwürfel, Zimt, Nelken und Zitronensaft in einem Liter Wasser zum Kochen bringen und bei milder Hitze 30 Minuten garen. Puddingpulver mit Wasser glattrühren und mit dem Zucker in die Soße geben. Nockerl auf Soße anrichten.

Gebackene Hollerstrauben

1 kg Butterfett/-schmalz · 2 Eier · ca. 150 g Mehl · Milch
2 EL Sonnenblumenöl · 30 g Zucker · 1 Prise Salz
16 Hollerblüten am Stiel

Das Butterfett/-schmalz in einem Topf erhitzen. Die Eier trennen. Eigelb mit Mehl, Milch und Öl zu einem glatten Teig verrühren. Das Eiweiß mit Zucker und Salz steif schlagen und unter den Teig heben. Mit Holzlöffel die Temperatur des Fetts prüfen: Wenn Blasen aufsteigen, ist es heiß genug. Die Blüten nacheinander am Stiel in den Teig tauchen und zwei bis drei Minuten goldbraun ausbacken. Mit einem Lochschöpfer aus dem Fett heben. Und noch heiß mit Staubzucker servieren.

Holunderblüten-Bioalmmilch-Joghurt

700 ml Bioalmmilch-Joghurt · 1 EL Honig
100 ml Holunderblütensirup

Für den erfrischenden Drink Joghurt, Honig und Sirup vermischen und mit dem Stabmixer fein pürieren. Den Drink in Gläser oder Tassen füllen.

Hollerpofesen

Alte Weißbrotscheiben oder Toastbrot · Hollermarmelade oder Hollergelee · etwas Milch · Hollerschnaps · 1 Ei wahlweise: Palatschinkenteig mit Hefe

Alte Weißbrotscheiben oder Toastbrot je nach Belieben mit Hollermarmelade oder Hollergelee füllen. Entweder in einer Mischung aus Milch mit etwas Hollerschnaps eintauchen und anschließend in ein verquirltes Ei legen oder einen etwas dickeren Palatschinkenteig, in dem etwas Hefe untergerührt wird, durchziehen. Sofort in heißem Fett herausbacken. Auf ein Küchentuch legen und dann mit Holunderzucker bestreuen.

Dinkel-Holunderblütenkekse

500 g Mehl · 200 g Butter · 200 g Staubzucker · 100 g geriebene Haselnüsse · 2 Eier · ½ Pkg. Weinsteinbackpulver · ½ Pkg. Vanillezucker · 2 TL getrocknete, fein gemahlene Holunderblüten

Alle Zutaten zu einem geschmeidigen Teig verkneten. Eine Stunde rasten lassen, danach drei bis vier Millimeter dick ausrollen, mit Blütenformen Kekse ausstechen und bei 170 Grad 15 Minuten backen. Mit Holunderblütenzucker bestreuen. Man kann aber auch zwei Kekse mit Holundermarmelade zusammenkleben.

Holunder-Lebkuchengebäck

Zutaten für ca. 80 Stück:
250 g Honig · 125 g Butter · 125 g Zucker · 500 g griffiges Mehl
25 g Kakao · 2 EL gemahlene Holunderblüten
1 TL gemahlenen Zimt · 1 TL Lebkuchengewürz · 2 Eier
5 g Pottasche · 2 EL Holundersirup · 1 TL Holunderschnaps

Honig, Butter und Zucker in einem Topf leicht erwärmen, bis der Zucker aufgelöst ist. Danach abkühlen lassen. Zur Honigmasse alle übrigen Zutaten hinzugeben. Alles zu einem geschmeidigen Teig kneten und diesen einige Stunden kühl stellen. Danach den Teig ausrollen und Formen ausstechen. Im vorgeheizten Backrohr bei rund 180 Grad Celsius circa 13 Minuten backen.

Holunderblüten-Marmelade

10–15 Blütendolden · 1 l Apfelsaft · Gelierzucker

Geben Sie die Holunderblüten in eine Schüssel und fügen Sie den Apfelsaft hinzu. Dann für 12 Stunden kühl stellen. Danach abseihen und zusammen mit dem Gelierzucker laut Packungsanweisung kochen. Die Marmelade in Marmeladengläser füllen, verschließen und für 5 Minuten kopfüber hinstellen. Dadurch werden die Gläser luftdicht verschlossen.

Holler–Pfirsichmarmelade

1 kg Hollerbeeren · 1 kg reife Pfirsiche · Gelierzucker

Die Hollerbeeren und die Pfirsiche mit der Schale in etwas Wasser weichkochen, anschließend durch ein Sieb passieren. Dann mit dem Gelierzucker laut Packungsanweisung einkochen. Die Marmelade in saubere Gläser bis zum Rand füllen, verschließen und kurz auf den Kopf stellen.

Holunderblütengelee

1 l Holunderblütensaft · Saft von 3 Zitronen
1,5 kg Gelierzucker · 1 Zimtstange

Den Holundersaft mit ½ Liter Wasser und Zitronensaft zum Kochen bringen. Den Gelierzucker und die Zimtstange dazugeben und drei Minuten kochen lassen. Danach die Gelierprobe machen: Etwas heißes Gelee auf einen kleinen Teller geben, um zu sehen, ob der Saft geliert. Falls ja, die Zimtstange entfernen. Geliert die Masse noch zu wenig, einfach noch ein bisschen kochen lassen. Danach sofort in heiß ausgespülte Gläser abfüllen.

Holunderblütenzucker

Holunderblüten · Zucker nach Ihrer Wahl

Holunderblüten abrebeln und leicht antrocknen lassen, mit dem Zucker Ihrer Wahl vermischen und im Rohr bei ca. 50 Grad Celsius trocknen, anschließend in einer Küchenmaschine fein zerkleinern.

Die Holleralmen im SalzburgerLand

Regionale und natürliche Produkte wurden schon immer gerne auf den Almen verwendet. Der Holler sucht bekanntlich das Haus, „wandert“ zu den Almen, die auf Höhen zwischen 700 und 1.400 Metern liegen wie die Holleralmen. Die Sennerinnen verwenden die Pflanze gerne. Sie schätzen die Regionalität und wissen, dass der Baum vor der Türe voller Vitamine und Wirkstoffe ist. Die Holleralmen sind eine Gruppe von Almen in der Fuschlsee- und Wolfgangseeregion, die sich dem Produkt Holunder verschrieben haben. Ziel ist es, den qualitativ hochwertigen Produkten, die sich aus den Blüten und Beeren gewinnen lassen, einen besonderen Stellenwert auf der Alm zu geben. Damit wurde indirekt eine Art Gütesiegel geschaffen. Vor jeder Alm blüht ab dem späten Frühling mindestens ein Hollerbusch in voller Pracht und ein „Holleralmschild“ weist den Weg zur Alm. Jede Holleralm steht für spitzen Holler-Gerichte, die über die normalen Säfte und Marmeladen hinausgehen. Und da die Senner und Sennerinnen nun schon seit über zehn Jahren sprichwörtlich den Hut vor ihrem Holler ziehen, hat sich das mittlerweile herumgesprochen unter Wanderern, Einheimischen und Gästen.

Zu den Holleralmen zählen:

1. **Lienbachhof,** Postalm, Ulli Buchegger, Tel.: 0043 (0)6137/6061, www.lienbachhof.at
2. **Schnitzhofalm,** Postalm, Johann Schnitzhofer, Tel.: 0043 (0) 664/4118033, www.schnitzhof.eu
3. **Stroblerhütte,** Postalm, Günther Gusenleitner, Tel.: 0043 (0) 6137/6161, www.stroblerhuette.at
4. **Reithütte,** Genneralm in der Osterhorngruppe, Herta Mösenbichler, Tel: 0043 (0) 664/5947909, www.reithütte.at
5. **Mayerlehenhütte,** Gruberalm in der Osterhorngruppe, Lisi und Werner Matieschek, Tel.: 0043 (0) 664/5350057, www.gruberalm.at
6. **Lärchenhütte,** Sausteigalm, Martin Oberlohr, Tel.: 0043(0) 664/3634760, www.laerchenhuette.at
7. **Waldhofalm,** Fuschl am See, Fam. Ebner, Tel.: 0043 (0) 6226/826435, www.ebners-waldhof.at
8. **Latschenalm** (bis 2015 Holleralm), Osterhorngruppe, Angela Walkner, Tel.: 0043 (0) 0664/1050371, www.latschenalm.at

Zu den Holleralm-Partnern und Hoflieferanten zählen:

- ❾ **Schnapsbrennerei Primushäusl,** Wolfgangsee, Fam. Rieger, Tel.: 0043 (0) 6137/7047, www.primushaeusl.at
- ❿ **Faistenauer Hofkäserei,** Fam. Klaushofer, Tel.: 0043 (0) 664/5564026, www.faistenauer-hofkaeserei.at

Weitere Infos und Termine findet man unter www.holleralmen.at

Wo sind die Holleralmen zuhause?

Die Holleralmen findet man im Salzburger Salzkammergut – genauer gesagt in der Fuschlseeregion in der Osterhorngruppe sowie am 12er-Horn und am Wolfgangsee auf der Postalm. Die Almhütten liegen ideal auf einer Höhe zwischen 700 Meter und 1.400 Meter Seehöhe und bieten damit ideale Voraussetzungen für den Strauch. Herrliche Wanderungen führen zu den einzelnen Almen und können für Groß und Klein ohne Probleme entdeckt werden. Beim alljährlichen Holleralmfest auf den Almen wird der Holler dann so richtig gefeiert und bei zünftiger Musik die Köstlichkeiten aus der heimischen Pflanze verspeist. Die gute Bergluft macht sich aber auch gut im Geschmack. Dank der Abgelegenheit sieht so mancher Busch im Laufe seiner Tage kein einziges Auto in seiner Nähe. Und genau dann schmecken gebackene Hollerstrauben am besten. Die Senner und Sennerinnen der Holleralmen versuchen, die heimische Pflanze in regionale Schmankerl zu verarbeiten. Sei es zu Marmeladen, Tees, Likören, Hollerröstern und vielem mehr. Einige ausgewählte Rezepte der Holleralmen finden Sie im Rezeptteil des Buches.

Holleralmen
im Salzkammergut
Salzburg
A1
Mondsee
MONDSEE
FUSCHLSEE
7
Fuschl
am See
St. Gilgen
10
Faistenau
HINTER-
SEE
6
8
Hintersee
5
4

ATTERSEE
WOLFGANGSEE
St. Wolfgang
Bad Ischl
9
3
2
1

Über die Autorin

Die ausgebildete TEH-Praktikerin und Absolventin verschiedener Kräuterausbildungen Brigitta Klaushofer bietet Workshops zur Honig- und Käseerzeugung, Brotback- und Wildkräuterkochkurse und Naturkosmetik-Seminare an. In ihrem Hofladen und Kräutergarten hat die Autorin stets viel zu tun. Mit ihren Projekten und Büchern will Klaushofer Jung und Alt den Umgang mit der Natur wieder näher bringen. Brigitta Klaushofer lebt und arbeitet mit ihrer Familie auf einem Bauernhof in Faistenau.

Dieses Büchlein ist in Kooperation mit der Urlaubsregion Fuschlsee sowie den Holleralmen am Wolfgangsee und Fuschlsee entstanden. www.holleralmen.at

MIX
Papier aus verantwortungsvollen Quellen
FSC www.fsc.org
FSC® C012536

 Titelsatz aus einer Kalligrafie von Karl Starzer, Satz aus der Hoefler Text und The Sans. · Medieninhaber, Verleger und Herausgeber: Red Bull Media House GmbH · Oberst-Lepperdinger-Straße 11–15 · 5071 Wals bei Salzburg, Österreich · Gestaltung und Satz: graficde'sign. pürstinger, Alex Stieg · Bilder: Cover: Stefan Pfeiffer · Innenteil: Stefan Pfeiffer; Illustration S. 62/63 Andreas Posselt · Druck und Bindung: Druckerei Theiss

Printed in Austria
ISBN 978-3-7104-0077-3
1 2 3 4 5 6 7 8 / 19 18 17 16